Gerhard Holzer
Lass dich von meinem Wort berühren
- Gedichte -

Wenn ich irgendwo bin, allein mit mir und Gottes Natur,
meine Sorgen vergesse und mein Herz sich öffnet,
dann greife ich zu Feder und Papier
und lass mein Herz sprechen.

Und manchmal habe ich das Gefühl,
in einer guten Welt zu leben.

Gerhard Holzer
Lass dich von meinem Wort berühren
Books on Demand GmbH

Umschlagdesign, Herstellung und Verlag:
Books on Demand GmbH, Norderstedt
2009, Sonthofen/Allgäu
ISBN 978-3-8370-4891-9

Da wo einst

Da wo einst auf schönstem Grunde,
meiner Kindheit Wiege stand,
wo so oft in schönster Stunde,
ich Verlorenes wieder fand,
dort in meinem kleinen Garten,
möcht ich wieder glücklich sein,
dort auf meinen Vater warten,
mich auf seine Stimme freun.

Da wo ich in tiefster Stille,
oft mit mir alleine war,
wo in grenzenloser Fülle,
ich des Meisters Schöpfung sah,
dort möcht ich noch einmal weilen,
mich besinnen und befrein,
dass die Wunden schnell verheilen,
einmal nur ein Kind noch sein.

Da wo ich auf schönste Weise,
über meine Kindheit sann,
da wo meine Lebensreise,
voller Phantasie begann,
dorthin will ich Brücken schlagen,
meine Träume wieder spüren,
und sie tief im Herzen tragen,
und sie niemals mehr verlieren.

Weil Gott es will

Alles was so lieblich blühte,
sich ums Dasein so bemühte,
was mir Kraft und Ruhe gab,
fort, als ob es einfach starb.

Da wo gestern noch die Farben,
meinen Sinnen Freude gaben,
und der See im Sonnenlichte,
mich so angenehm erfrischte,
überall, weil Gott es will,
ist es leise heut und still.

Da wo gestern Lieder klangen,
wo die Vögel lieblich sangen,
und im Tal zu jeder Zeit,
Leben war– unendlich weit,
überall, weil Gott es will,
ist es leise heut und still.

Doch irgendwann geht es vorüber,
und das was war, kommt langsam wieder,
das was wir glaubten, sei verloren,
wird uns zur Freude neu geboren,
und nirgendwo ist es mehr still,
weil Gott sein Werk uns zeigen will.

Vor Jahren

Vor Jahren sah man es noch fließen,
das Bächlein, rein und sternenklar,
in sanften Schwüngen durch die Wiesen,
dorthin, wo meine Kindheit war,
nun bin ich wieder hingekommen,
um in Vergangenem mich zu wähnen,
und seh, man hat es mir genommen,
und das was fließt, sind meine Tränen.

Vor Jahren blühte noch die Erde,
und Leben war im weiten Land,
und keiner, der es jemals störte,
als läge es in Gottes Hand,
heut hab ich es mir angesehen,
und suchte meine bunten Wiesen,
und nirgends konnte ich sie sehen,
und meine Tränen, ach sie fließen.

Vor Jahren hab ich mir geschworen,
ich komme wieder– irgendwann,
nun steh ich da, fühl mich verloren,
weil ich was war, nicht sehen kann,
ach hätt ich doch den Schwur vergessen,
und nicht gesucht, was einmal war,
nichts kann so sein, wie es gewesen,
nichts so, wie man als Kind es sah.

Die schöne Zeit kommt wieder

Die schöne Zeit kommt wieder,
wo all der blaue Flieder,
aufs Neue blüht.
Dann kommen auch die Stunden,
wo Herzen schnell gesunden,
und Schmerz vergeht.

Die schöne Zeit wird kommen,
sie ist uns nur genommen,
weil Gott es will.
Lass doch die Wolken ziehen,
denk nicht an Last und Mühen,
das Schöne ist so viel.

Die schöne Zeit kommt wieder,
wo uns der Vögel Lieder,
ins Herz eindringt.
Dann kommen auch die Tage,
wo die Natur auf Fragen,
uns Antwort bringt.

Die schöne Zeit ist da,
und alles ist so nah,
was sie verspricht,
und in der Wolkenlücke,
seh ich für Augenblicke,
der Sonne Licht.

Frühling und Glück

Morgenwärme, froher Sinn,
Mut zum Leben- wo ich bin,
Dank und Lust.
Vogellieder- süßer Klang,
ziehen mich in ihren Bann,
unbewusst.

Bunte Fülle überall,
dichter Nebel rollt durchs Tal
welche Pracht.
Morgentau und frische Luft,
alles da, was ich gesucht-
Sternennacht.

Zögernd noch, doch bald schon wahr,
kommt der Frühling- wunderbar,
kommt das Glück.
Wenn er geht, so ist's nicht schlimm,
weil ich wieder glücklich bin,
kommt er zurück.

Im Märzen

Noch ist es kalt und trüb und weiß,
noch ist die Welt um mich so leis,
noch ruht das Tal.
Noch ist kein Leben im weiten Rund,
und keine Wiese lieblich bunt,
noch ist es kahl.

Noch schweigt, was sonst so viel erzählt,
noch ist kein Feld im Land bestellt,
noch schläft das Glück.
Noch träumt das Kind vom letzten Jahr,
und wünscht sich das, was einmal war,
alsbald zurück.

Noch friert der Bach, noch pfeift der Wind,
und wo sonst schönste Farben sind,
ist's weiß und grau.
Noch ziehen Wolken, schwarz und schwer,
noch seh ich keine Wiederkehr,
wohin ich schau.

Noch warten wir dass Bäume blühen,
noch sehn wir keine Vögel ziehen,
noch nicht und doch ist's nah.
Dann grünt das Tal, dann fließt der Bach,
dann werden Farben wieder wach,
dann ist der Frühling da.

Es ist Mai

Was ist das ein Gezwitscher in der Luft,
es ist, als überschlagen sich die Stimmen,
was ist das für ein frischer, zarter Duft,
als wäre die Natur von allen Sinnen.

Wie sprießt das Gras, wie recken sich die Blüten,
zum Sonnenlicht, aus ihrer tiefen Nacht,
es ist als würde purer Frohsinn wüten,
als hätte Gott die Erde neu gemacht.

Was ist das ein Gequake, ein Begehren,
im Wiesengrund, am Bächlein– immerfort,
als würden Lust und Liebe sich verzehren,
als spräche Gott zu uns ein gütiges Wort.

Was ist das für ein Glück, was für ein Segen,
tief atme ich Verlangen in die Brust,
was allzu lang im milden Schlaf gelegen,
das wird mir heut mit aller Macht bewusst.

Die Bank am See

Es steht eine Bank dort am See bei der Buche,
dort bin ich so oft, wenn ich irgendwas suche,
dort bin ich mit mir gern allein.
Dort ist es so friedlich, so still und so leise,
Gedanken erblühen und gehn auf die Reise,
und lassen vergessen, verzeihen.

Es ist wie Balsam für den Seelenschmerz,
wie die Geburt von einem neuen Herz,
es ist, als schenke mir das Leben neuen Mut.
Wie war ich müde, traurig– voller Sorgen,
und plötzlich blüht in mir ein neuer Morgen,
und in den Adern strömt ein neues Blut.

Es steht eine Bank dort am See bei der Buche,
dort bin ich so oft, wenn ich irgendwas suche,
von dem ich nicht weiß, was es ist.
Doch wenn ich dann geh, mit verschlossenen Wunden,
dann weiß ich, ich hab was ich suchte gefunden,
ich hab diese Ruhe vermisst.

Du kleiner See im Wald

Was schenkst du dem Wanderer oft Ruhe und Rast,
und lässt ihn vergessen so manch Lebenslast,
du kleiner See im Wald.
Das was du ihm gibst, das ist Leben und Freud,
du schenkst es, denn hat weder gestern noch heut,
er je eine Münze gezahlt.

Was liegst du so still im Glanz deiner Zeit,
wie wird es bewundert, das Wasser– dein Kleid,
du kleiner See im Wald.
Wie schnell ist vergangen, was ihn so bedrückt,
die Sorgen des Tages zur Seite gerückt,
und wenn er dann geht, ist's auf bald.

Denn jeder, der dich irgendwann hat gesehen,
der wird immer wieder die Runde dort drehen,
und mancher schon hat dich gemalt.
Drum suche ich dich, such ich Stille und Glück,
und nimm dich im Herz, wenn ich gehe dann mit,
du kleiner See im Wald.

Die Bank am Waldesrand

Die Bank auf der Wiese am Waldesrand,
dort wo ich gern immer möcht sein,
dort wo ich die Ruhe und Stille fand,
dort bin ich so gerne allein.
Drum geh ich jetzt hin und lausche dem Lied,
das mir die Vögel oft sangen,
wenn drunten im Tal dann der Nebel zieht,
hat Gottes Natur mich gefangen.

Die Bank auf der Wiese am Waldesrand,
dort kann ich vergessen- verzeihen,
dort gebe ich allem, was lebt meine Hand,
denn alles was lebt, das ist mein,
drum bleibe ich hier und will mich erfreuen,
an allem, was viele nicht sehn,
und keine Sekunde, die werd ich bereuen,
nur sagen, wie war es so schön.

Die Bank auf der Wiese am Waldesrand,
ich frage, wie kann es nur sein?
Der Platz, wo die Bank doch noch gestern stand,
dort stehe ich plötzlich allein.

Der Mai, er wartet nicht

Komm rühre deine Glieder,
geh raus und hör die Lieder,
der Mai, er wartet nicht.
Er lädt dich ein zum Sehen,
zum Fühlen und Verstehen,
lässt spüren dich das Sonnenlicht.

Das Leben will sich zeigen,
und dir in buntem Reigen,
ein wenig Glück und Liebe sein.
Lass dir dein Herz erfreuen,
du wirst es nicht bereuen,
lass die Natur nicht so allein.

Denk nicht an deine Sorgen,
verschiebe sie auf morgen,
komm öffne deine Tür.
Es ist ein buntes Treiben,
du darfst nicht drinnen bleiben,
geh raus und danke Gott dafür.

Ich frag die Natur

Sagt mir ihr Wiesen, wo sind eure Farben,
wo sind die Blumen die Freude mir gaben,
wo ist ihr Duft?

Die Menschen sind schuldig, zuviel sind gekommen,
und haben gepflückt, mir die Kinder genommen,
und dann die Luft.

Wo sind die Wälder, hier waren doch Bäume,
ich hab sie gesehen, es warn keine Träume,
nicht lange ist's her?

Die haben das giftige Nass nicht ertragen,
und die, die gesund warn die wurden erschlagen,
und nun ist es leer.

Sagt mir ihr Tiere, wer hat euch vertrieben,
wo ist die Vielfalt der Arten geblieben,
was ist nur geschehen?

Uns fehlte der Raum, den wir brauchten zum Leben,
kein Wald, keine Wiesen hat es mehr gegeben,
und giftig die Seen.

Was hat dich verdorben, du Wasser im Lande,
ich weis, dass man »lieblich erfrischend« dich nannte,
und nun bist du krank?

Man nahm mir die Umwelt, jetzt schmerzt meine Seele,
der Unrat, der Dreck, er verstopft mir die Kehle,
ja das ist der Dank.

Sag mir oh Erde, was sind das für Sünder,
warum bist du gnädig, es sind deine Kinder,
sie richten dich hin?

Warte mein Freund, mit der Zeit mit den Jahren,
sollen alle die Kinder, die ich hab erfahren,
dass »Richter« ICH bin.

Umwelt

Oh Mensch, ich kann dich nicht verstehen,
stets muss ich es aufs Neue sehen,
und täglich kann ich's hören,
es scheint dich nicht zu stören,
das was du hast, es ist nichts wert,
und was du machst, es ist verkehrt,
du machst dir deine Welt kaputt,
und nimmst zum Leben jeden Mut,
warum muss das so sein?
die Welt, sie ist doch dein.

Da müssen Kinder täglich sterben,
und mit den Autos tust du werben,
den Spielplatz um die Ecke,
den bringst du gleich zur Strecke,
um eine Firma aufzubaun,
und Drumherum dann einen Zaun,
mit Schildern zu versehen,
ich kann es nicht verstehen

Oh Mensch, ich glaub es nicht,
dass dieses Öl aus fernem Land,
das uns doch stets zum Halse stand,
und täglich nun das Meer vergiftet,
und Pflanzen, Tiere dort vernichtet,
dass wir nicht Leben können,
tät dieses Öl nicht brennen.

Oh Mensch, ich kann's nicht sehen,
dort wo noch gestern alles grün,
muss morgen schon ein Hochhaus stehen,
die Bäume müssen weg,
statt Blumen blüht der Dreck.

Oh Mensch, ich kann's nicht hören,
den Lärm, der mich zu jeder Zeit,
von süßer Stille trennt so weit,
das Flugzeug in der Luft,
und diesen rauen Duft,
den kann ich nicht mehr riechen,
ach könnt ich mich verkriechen.

Oh Mensch, ich kann's nicht glauben,
dass diese Welt das Schönste ist,
und dass der »Macher« du nur bist,
das Andere ist nichts wert,
wer hat dich nur gelehrt,
die Welt in diesem Licht zu sehen,
und diesen falschen Weg zu gehen,
komm, dreh dich um und geh zurück,
und lass uns doch ein kleines Stück,
von dieser Welt- der Einen,
von der wir alle träumen.

Menschenhände

Menschenhände sie zerstören,
immerfort und ohne Ruh,
gestern noch so hoch in Ehren,
heute schlagen Fäuste zu,
seht die Wunden dieser Erde,
seht das Blut, das ständig rinnt,
keiner kennt und sieht die Werte,
die uns doch gegeben sind.

Menschenhände warum faltet
ihr euch nicht zum Dankgebet,
dass ihr alles das verwaltet,
was auf eurer Erde steht,
seht den Reichtum, der gegeben,
seht die Gnade, die euch führt,
darum dankt in eurem Leben,
dass euch dieser Schatz gebührt

Erde, dein Gesicht

Oh Erde, aus deinem Gesicht des Lebens und der Zukunft, ist ein Gesicht
des Todes und der Erinnerung geworden.
Der Atem deines Mundes, lässt nur dunkle Wolken ziehen und verhüllt
den Glanz der Sonne, vor allen sich sehnenden Blicken.
Deine Haut ist unrein, Blut rinnt aus tausend Wunden, bedeckt von Öl
und Bomben, verbrannt und voller Falten. Sie zu küssen empfinde ich als
abstoßend und gefährlich- es wäre mein Tod.
Deine Haare tragen keine Früchte und statt dem Grün der Wälder, stehen
nur noch wenige Trauerweiden. Sie lassen ihre Arme tief in deinen
Nacken fallen, als wollten sie sich verkriechen.
Ich sehe deine Nase, die steil in den Himmel ragt, als wolle sie uns
zeigen, dass es nur dort oben noch etwas gibt, wofür es sich lohnt,
geboren zu werden.
Oh Erde, in Gedanken sehe ich deine Augen, sie sind geschlossen.
Ich sehe dein von Menschenhand geschundenes Gesicht und frage mich,
ob du nur älter geworden bist, oder krank, oder bereits
gestorben.
Jetzt machst du deine Augen auf und was ich sehe-

sind Tränen.

Sinnspruch

Das Leben gibt dir Freude, Glück und Leid
und alles was du hast und bist,
verdankst du nur der Zeit,
die dir das Leben schenkt.

Nimm dies Geschenk und halte es in Ehr,
glaub an die Zukunft,
fällt es heut auch schwer,
im Innersten ist Gott, der alles lenkt.

Verirrt

Die Laterne steht am Wegrand,
und sie scheint mir ins Gesicht,
ich schau hoch, seh die Laterne,
doch die Sterne seh ich nicht.

Der Kapelle kleinste Glocke,
schlägt um zwölfe Mitternacht,
und ich hör das süße Klingen,
nicht mein Herz, das für mich wacht.

Jenen Rauch der Zigarette,
der in meinem Zimmer steht,
atme tief ich in die Lunge,
nicht der Freiheit Luft- die weht.

Böse Worte und Gedanken,
sind mir ins Gehirn gesät,
aber wann sprech ich im Leben,
ach nur einmal ein Gebet.

Was zerstören meine Hände,
doch so oft wenn sie nicht ruhn,
und ich möchte doch so gerne,
auch mal etwas Gutes tun.

Darum glaub ich alle Schritte,
die ich tu, die sind zuviel,
denn auf diesem Wege komme,
ich doch niemals an mein Ziel.

Allgäu - Lied

Du Land der Täler und der Höhen,
der Träume die in dir geboren,
du Paradies der tausend Seen,
du irdisch Glück mit Himmelstoren,
dich will ich lieben, alle Zeit,
will niemals mich von dir entsagen,
weil dieses Bild von dir befreit,
und Antwort gibt auf tausend Fragen.

Du Land des Waldes– immer grün,
der Wanderer die ihn innig lieben,
der Tiere, die in Herden ziehen,
wo man genießt und nicht getrieben
wird von der Unrast dieser Erde,
hier kann ich leben und gedeihen,
hier seh ich noch der Schöpfung Werte,
hier möcht ich einst begraben sein.

Sterbende Erde

Leben so dunkel, so leer und so grau,
Welt ohne Menschen, wohin ich auch schau,
Himmel von Wolken verdeckt- und so weit,
Augen die tränen und Kummer und Leid.
Schlamm, wo vor Jahren ein goldener See,
sterbende Erde, wohin ich auch seh,
wer kann's verstehen, wer hat die Geduld,
was wird nur werden und wer trägt die Schuld?

Schlechte Gedanken und Böses als Ziel,
Hoffnung so wenig und Zweifel so viel,
immer die Fragen, wie wird es kommen,
wird das was schön ist denn immer genommen?
Fragen, und keiner gibt Antwort darauf,
so nimmt das Sterben der Welt seinen Lauf

Lüge und Habgier, Verbrechen und Mord,
gellende Schreie und niemals ein Wort,
sehnendes Warten und Angst vor der Stunde,
und immer größer die klaffende Wunde,
wer kann's verstehen, wer hat die Geduld,
was wird nur werden und wer trägt die Schuld?

Fragende Blicke der Zukunft voraus,
niemals ein Anfang doch immer ein »Aus«,
Kommen und Gehen und Trauer und Schmerz,
sterbende Erde, mit blutendem Herz,
keiner will Glauben, will Lieben, Verstehen,
keiner will Hoffen, Vertrauen und Sehen,
sterbende Erde, du hast die Geduld,
und deine Kinder, sie tragen die Schuld.

Aufwachen

Noch lacht uns die Sonne, noch scheint der Mond,
noch gibt es die Tage, wo das Leben sich lohnt,
noch leuchten die Sterne am Himmelszelt,
noch gibt es ein Hoffen auf Morgen- die Welt.

Doch Stunde um Stunde, die heut vergeht,
soll dir der Zeiger, der sich dreht,
die Zeit, die dir noch bleibt vermitteln,
komm hilf, lass uns die andern rütteln.

Noch gibt es den See und das Meer und das Feld,
auf welchem der Bauer auch heut noch bestellt,
wie's vor tausend Jahren schon war, wie es ist,
noch gibt es den Tag, wo gesättigt du bist.

Doch Stunde um Stunde, die heut vergeht,
soll dir der Zeiger, der sich dreht,
des andern Leid und Nöten sagen,
gesättigt wir- und andre klagen.

Noch ernten wir Gnade, noch lacht uns das Glück,
noch kriegen wir manches Verlorene zurück,
noch bleiben uns Gräser und Sträucher und Wald,
noch haben wir Wärme, doch bald wird es kalt.

Denn Stunde um Stunde, die heut vergeht,
sagt dir der Zeiger, der sich dreht,
ich kann dich nicht auf Händen tragen,
du musst was tun, und nicht nur klagen.

Noch haben wir Herzen, noch schlägt's in der Brust,
noch haben wir Frohsinn, noch Liebe und Lust,
noch dürfen wir glauben, noch haben wir Mut,
noch ist es kein Eis in den Adern- noch Blut.

Doch Stunde um Stunde, die heut vergeht,
sagt dir der Zeiger, der sich dreht,
bald bleib ich stehen, tu dich beeilen
hilf mit, lass uns die Erde heilen.

Verzeiht uns Kinder

Ihr, die Frucht aus unserem Leibe,
ihr, des Lebens neue Saat,
eure Eltern sind im Streite,
wer das Ziel vergessen hat.

Viele Träume sind gestorben,
was wir wollten, war zu viel,
was einst blühte, ist verdorben,
unser Weg war nicht das Ziel.

Vielleicht könnt ihr uns vergeben,
das so oft in purer Gier,
wir in ruhelosem Streben,
dachten, diese Welt sind wir.

Seht die Zukunft liebe Kinder,
die für euch bereitet ist,
wir und andre waren Sünder,
warum habt ihr uns geküsst?

Das, was wir euch hinterlassen,
gibt der Liebe keinen Sinn,
dafür müsstet ihr uns hassen,
doch ich hoff- ihr habt verziehen.

Versuche zu verstehen

Plagt dich Trauer oder Leid,
scheint das Schöne gar so weit,
kannst du nichts als Tränen sehen,
dann versuche zu verstehen.

Bleibt dein Traum stets unerfüllt,
nur ein liebgewordenes Bild,
lass die Nacht vorüberziehen,
und versuche zu verstehen.

Kommst du, weil das Glück sich dreht,
zu guter Letzt dann gar zu spät,
sollst du nie nach hinten gehen,
nein, versuche zu verstehen.

Spürst du dann, du schaffst es nicht,
denk daran, es brennt ein Licht,
irgendwann wirst du es sehen,
und vielleicht dann auch verstehen.

Auf dieser Welt

Auf dieser Welt, ist alles nur geliehen,
und irgendwann, da gibst du es zurück,
auf dieser Welt, wird alles mal verziehen,
und jedes Leid, das bringt ein wenig Glück.

Auf dieser Welt, da gibt's die schönsten Sachen,
und wer sie sieht, der sollte glücklich sein,
denn viel zu oft, fällt es uns schwer zu lachen,
die Traurigkeit, sie lässt uns nie allein.

Auf dieser Welt, sind wir die reichen Leute,
die Masse aber, lebt aus leerer Hand,
die Frage bleibt, wer war es, wer verstreute,
beim einen Gold, und bei dem andern Sand.

Des Einen Not, das ist des Andern Habe,
und der tritt zu, geht seinen Weg allein,
da ist kein Mitleid, da ist keine Gnade,
so war es und- so wird es immer sein.

Auf dieser Welt, da gibt es viele Herzen,
doch selten nur, schlägt eins den richtigen Takt,
wie müsst es uns doch in der Seele schmerzen,
dass keine Zeit uns Einsicht hat gebracht.

Auf dieser Welt, da fällt es schwer zu hoffen,
zu glauben an den Mensch und an sein Werk,
doch noch steht uns die Tür zum Heile offen,
wenngleich ich schon die düstre Zukunft merk.

Auf dieser Welt, darfst du nur einmal leben,
und wenn du gehst, dann wird's für immer sein,
so wird man dich dann in die Erde legen,
in engstem Raum, nur mit dem Tod allein.

Auf dieser Welt, war alles nur geliehen,
an jenem Tag, da löst den Pfand du ein,
wirst du nun Lohn, wirst Strafe du beziehen?
wie es auch kommt- gerecht so muss es sein.

Ein neuer Tag

Ein Tag vergeht- und Stille überall,
am Horizont ein letztes kaltes Glühen,
ein lauer Wind, streicht über Stadt und Tal,
und kühlt die Seelen von des Tages Mühen.

Die Turmuhr dröhnt, ein dumpfer müder Schlag,
die Nacht bricht an und überall ist Ruh,
ein Vöglein dankt, für diesen schönen Tag,
und macht wie ich dann seine Augen zu.

Es rauscht der Bach und Wolken ziehen dahin,
und Sterne stehen am hohen Himmelszelt,
mein Herz es schlägt und dort wo ich jetzt bin,
ist meine eigene, traumerfüllte Welt.

Die Nacht vorbei, am Horizont glüht Leben,
dem Einen bringt es Freud, dem Andern Plag,
der Traum vorbei, denn es beginnt soeben-

ein neuer Tag.

Neue Welt

Ach wie genieße ich die ersten Sonnenstrahlen,
den Morgentau und auch die frische Luft- das Grün,
und wenn ich's könnt, ich würde Bilder malen,
von all den Blumen, so wie sie im Frühjahr blühn.

Was gibt es Schöneres, als das neue Leben spüren,
im trüben Tal, allein vor dem verträumten See,
und was sollt ich im Leben mehr begehren,
als das, wo ich an diesem Morgen steh?

Ich seh den Nebel durch die weiten Felder ziehen,
und spür die Sonne, die mit neuer starker Macht,
zurückgewinnt, was sie so lange hat entliehen,
dem Winter und der eisigkalten Nacht.

Trübsal, Kummer, Leid und Sorgen,
sind fort und haben sich verborgen,
ich fühle mich befreit,
ich spür mein Herz den neuen Schlag,
und freue mich auf jeden Tag,
der neuen Jahreszeit.

Was ist Zeit?

Zeit ist nicht das Heut und Morgen,
nicht was kommt, nicht das was war,
Zeit ist weder Freud noch Sorgen,
nicht Sekunden und kein Jahr.

Zeit ist nicht, was wir nicht haben,
ist nicht Glück, wenn man sie hat,
Menschen die in Armut starben,
wurden von der Zeit nicht satt.

Zeit kann niemals stehen bleiben,
und auch nicht zu schnell vergehen,
niemand kann die Zeit vertreiben,
und auch keiner kann sie sehen.

Zeit heißt nicht, auf sie zu warten,
weil man glaubt, man hat sie nicht,
Zeit blüht nicht in deinem Garten,
Zeit ist nichts, was mit dir spricht.

Zeit heißt nicht, dass Wunden heilen,
und kein Mensch vergisst die Zeit,
Zeit kann man mit niemand teilen,
und man hat sie nie zu zweit.

Zeit ist ein Geschenk des Lebens,
über das allein du wachst,
Zeit ist niemals dann vergebens,
wenn du etwas aus ihr machst.

Nimm dir die Zeit

Nimm dir die Zeit, in der Stille zu weilen,
mit streichelnder Hand eine Wunde zu heilen,
mit tröstenden Worten, zu lindern ein Leid,
nimm dir die Zeit.

Nimm dir die Zeit, deinem Kind zu vertrauen,
und mit ihm ein besseres Morgen zu bauen,
und sucht es nach Liebe– Geborgenheit,
nimm dir die Zeit.

Nimm dir die Zeit, über Täler und Höhen,
durch einsame Pfade des Waldes zu gehen,
und zeigt eine Knospe ihr samtenes Kleid,
nimm dir die Zeit.

Nimm dir die Zeit, bleib am Wegesrand stehen,
um alles was duftet und blüht auch zu sehen,
heut ist es so nah und morgen so weit,
nimm dir die Zeit.

Nimm dir die Zeit, schau der Sonne entgegen,
versuch dich im Glanz ihres Scheins zu bewegen,
genieß die Sekunden- den Augenblick,
vergangen das heißt-

es kommt nie zurück.

Leb deinen Traum

Sag mir, bist du der du sein willst?,
lebst du dein Leben ohne Zwänge?,
ist das, was du tief drinnen fühlst,
die Sinfonie der schönsten Klänge?

Ist das, was deine Träume waren,
Erfüllung in dem wahrsten Sinn?,
und hast du wirklich das erfahren,
was dir den Glauben gibt »Ich bin«?

Hast du dein Leben so gerichtet,
wies dir dein Herz anheim gestellt?,
und nicht auf Dies und Das verzichtet,
weil's halt so ist auf dieser Welt?

Bringt dir der Tag den Sonnenstrahl?,
die Nacht dir Ruh und tiefen Frieden?,
und wärst du, hättest du die Wahl,
so wie du bist, auch stets geblieben?

Hast du versucht und dich bemüht,
dein eignes Leben zu gestalten?,
und nicht aus sorgendem Gemüt,
das deiner Lieben zu verwalten?

Hast du dein Seelenglück gefunden?,
und keine Übung im Verzicht?,
verzeih- ich sag es unumwunden,
du sagst es-

doch du hast es nicht!

Verlorene Zeit

Die Zeit trägt dich in ihrem Schoß,
und lässt dich niemals wieder los,
solang du lebst.
Sie ist bei dir, wo du auch bist,
und lebt in dir, wie spät's auch ist,
bis dass du gehst.

Drum liebe die Zeiten,
die schönen und faden,
genieße die Stunden,
und hör auf zu warten,
was heut noch so weit.

Denn Jahre vergehen,
und kommen nicht wieder,
grad eben geschehen,
und dann schon vorüber,

verlorene Zeit.

Die Zeit bestimmt dein Glück

Wenn du morgen aufstehst, weißt du nicht,
was dein Weg bestimmt, und wie er abends endet,
ob dein Herz an diesem Tag zerbricht,
und sich alles hin ins Aussichtslose wendet.

Was gestern noch in Zuversicht geborgen,
kann heute schon ein Wunsch- ein Traum noch sein,
und Angst bestimmt dein Warten auf das Morgen,
vom Glück beseelt, und plötzlich so allein.

Drum nimm nicht alles so, als sei es dir gegeben,
als wäre das was ist, von Ewigkeit,
nach allem Glück im Leben kannst du streben,
was du bekommst, bestimmt allein die Zeit.

Du bist die Zeit

Die Jahre vergehen und nehmen die Zeit,
ganz einfach fort.
Die Reise ist schnell und geht viel zu weit,
an einen Ort,
den, wenn wir ihn sehen,
dann nicht mehr verlassen,
weil dort die Zeit ist.

Dorthin musst du gehen,
weil ganz allein du,
die Zeit selber bist.

Was ist das Leben?

Was ist das, das Leben, das Hoffen und Warten,
das endliche Sein in dem weltlichen Garten,
erhellende Tage und tiefschwarze Nächte,
zertrümmerte Länder und herrschende Mächte.

Was ist das, das Leben, das Sein und Vergehen,
was morgen erst kommt, wie das Gestern zu sehen,
das ständige Träumen vom Wachsen und Werden,
dem sinnlosen Streben nach Reichtum auf Erden.

Wer ist diese Macht, die so sündhaft uns lenkt,
uns manchmal verbindet und dann wieder trennt,
die tröstet und quält, uns hasst und auch liebt,
uns manchmal so viel, und dann gar nichts mehr gibt.

Was ist das, das Leben, mein Herz und die Schläge,
wenn ich einfach da bin und glaube es gäbe,
nur irdische Werte- vergängliches Glück,
dann Ängste und Schmerzen- von allem ein Stück.

Was wäre mein Körper, mein Geist, alles Leben,
würde mir nach dem Tode nicht etwas gegeben,
an das ich heut glauben kann- oder auch nicht,
verhangene Zukunft- und doch seh ich Licht.

Leb dein Leben

Leb dein Leben, ohne Reue,
freue dich auf jeden Tag,
halt dem Herzen stets die Treue,
das dich liebt und das dich mag.
Tust du's nicht, dann wirst du sehen
irgendwann da kommt die Zeit,
wo du kannst alleine gehen,
was du immer gingst zu zweit.

Leb dein Leben, reich die Hände,
jedem der sie halten will,
denn Gefühle sprechen Bände,
meinst du auch, sie wären still.
Lässt du andere aber fallen,
weil du denkst, er kann's allein,
wirst du irgendwann bezahlen,
denn die Schuld wiegt schwer wie Stein.

Leb dein Leben, ohne Eile,
irgendwann da kommt die Zeit,
da tut dir die Langeweile,
die mal war, unendlich leid.
Denn die Jahre sie verrinnen,
schneller als du's glauben willst
niemals wird es neu beginnen,
was du für unsterblich hieltst.

Leb dein Leben, denk an Morgen,
und was ist, und kommen mag,
aber mach dir niemals Sorgen,
über den verflossenen Tag.
Denn was war, das ist vergangen,
und kommt niemals mehr zurück,
doch ein Tag der angefangen,
bringt vielleicht das größte Glück.

Leb dein Leben, ohne Reue,
denk an dich und anderer Not,
hältst du dieser Weise treue,
dann lebst du sogar im Tod.

Frühling im Retterschwanger Tal (Allgäu)

Mir ist, als legtest du die Hand auf meine Wunden,
als wäre dieser Tag wie nie so schön,
als hätte ich Verlorenes gefunden,
und würde alles nun mit neuen Augen sehn.

Was ist es, was mich treibt in dem Verlangen,
mir heut dein Werk aufs Neue anzusehen?
so oft war ich schon hier- von dem befangen,
und immer wünsche ich, die Zeit blieb stehen.

Mir ist, als legtest du die Hand auf meine Wunden,
in dem Bestreben, dass sie nimmt so manche Qual,
das was ich vor mir sehe, lässt mein Herz gesunden,
vor mir da blüht das Retterschwanger Tal.

Rast im Retterschwanger Tal

Tief unten, da hör ich ein rauschendes Flehen,
da kann ich ein Bächlein ins Tal fließen sehen,
und über mir Berge- zum Himmel empor,
und Sinne, beflügelt vom lieblichen Chor.

Nur Stille und Frieden, nur Staunen und Glück,
hier möchte ich bleiben, und nicht mehr zurück.

Tief unten im Tal, ist ein Wanderer mein Gast,
gemächlich sein Tritt, ohne Eile und Hast,
und über mir schweben, im Reigen dahin,
die Schwalben, die bald schon nach Süden ziehen.

Nur Rasten und Träumen, von allem ein Stück,
hier möchte ich bleiben, und nicht mehr zurück.

Tief unten im Tal, steht ein äsendes Reh,
das Bächlein es mündet im goldenen See,
dort endet sein rauschen- denn immer zu,
ist am Ende des Weges himmlische Ruh.

Ich schaue nach oben, mit dankbarem Blick,
ich möchte gern bleiben, doch muss ich zurück.

Stilles Tal

Immer wenn ich mich in Sorgen,
frag, was bringt der neue Morgen,
wenn müde ich und traurig bin,
zieht es mich zu dir stets hin.
Da zu sitzen, zu verweilen,
und den Seelenschmerz zu heilen,
all die bunte Fülle sehen,
und ein Stück mit dir zu gehen.

Immer, wenn ich träumen will,
such ich dich, denn du bist still.

Immer wenn sich dreht der Wind,
Wege rau und steinig sind,
und im ruhelosen Treiben,
Fragen ohne Antwort bleiben,
wenn ich such, um dich zu finden,
allen Schmerz zu überwinden.

Immer, wenn ich träumen will,
such ich dich, denn du bist still.

Immer wenn ich bei dir bin,
hat mein Leben einen Sinn,
niemand kann die Ruhe stören,
keiner will von mir was hören,
nur Gesang und tiefer Frieden,
ist dem Herz und mir beschieden.

Immer, wenn ich träumen will,
such ich dich, denn du bist still.

Immer, wenn ich träumen will,
such ich dich, denn du bist still.
Darum möchte ich zum Sterben,
etwas Erde von dir erben,
um mich dann, mit Gottes Segen,
müd in deinen Arm zu legen,
und als Dank für schöne Zeiten,
meine Träume mit dir teilen.

Dann ist's so, wie ich es will,
über mir ist alles still.

Die Zeit

Die Zeit, sie läuft mir ständig fort,
die Jahre, sie vergehen,
und überall, an jedem Ort,
da hat man Zeit, nur für ein Wort,
die Zeit, sie bleibt nicht stehen.

Die Zeit, das ist der Glockenschlag
und jede neue Stund,
die ich so sehr und wenig mag,
weil sie mir viel und gar nichts gab,
die Zeit ist grau und bunt.

Die Zeit ist Gestern, Heut und Morgen,
ist Glückesfreud und Trauersorgen,
und jeder Schlag in deiner Brust,
ist Zeit, weil du erkennen musst,
der Zeiger bleibt nicht stehen,
denn Zeit, das heißt- vergehen.

Die Zeit ist alles, was du siehst,
das was du bist und was du fühlst,
die Zeit ist Glauben und Verstehen,
und in dem Kreis der Zeit sich drehen,
kann Glück und Leid oft sein,
die Zeit wiegt schwer wie Stein.

Die Zeit bringt Tränen dir und Glück,
bringt dir Vergangenes nie zurück,
sie lässt dich zweifeln, bangen, hoffen,
schließt dir die Wege, hält sie offen,
kann viel und wenig geben,
die Zeit ist Tod- und Leben.

Die Lebensuhr

Ein Freund der malte mir ein Bild,
und wollt es mir erklären,
doch als er's mir vor Augen hielt,
war mir, als zöge er gezielt,
aus seinem Leben jetzt die Lehren.

Das Bild war eine Lebensuhr,
doch statt der Zahlen, die Zeiten nennen,
da sah ich ein paar Zeichen nur,
und konnte den Sinn doch nicht erkennen.

Mein Freund, er sah mir ins Gesicht,
und sprach, lass uns beginnen,
du kennst der Zeichen Sprache nicht,
doch dieses Bild, das bringt dir Licht,
du musst dich nur besinnen.

Die erste Stunde in deinem Leben,
kann dir so viel und wenig geben,
bist du als armer Mensch geboren,
dann glaub mir, bist du schon verloren,
und ich wünsch dir von Herzen sehr,
dass dies die letzte Stund schon wär.

Den zweiten Schlag nenn ich das Leben,
bisher hast du noch nichts gezahlt,
dies alles hat man dir gegeben,
du bist noch jung, so wie die Reben,
drum hab die Wiege ich gemalt.

Schlägt dann die Uhr die dritte Stund,
sagt uns der Notenschlüssel dort,
es kommt aus jenem Kindesmund-
das erste Wort.

Dann steht die Schulbank als Symbol,
und mit ihr kommt die Gier,
die dich zum Menschen formen soll,
der Zeiger steht auf vier.

Zeigt dieser Zeiger irgendwann,
dir deine fünfte Stunde an,
hast du dir eine Frau erkoren,
und deine Freiheit ist verloren,
schon bald hörst du aus ihrem Mund,
sie wird ein Kind ins Leben tragen,
und wenn ihm schlägt die erste Stund,
hat es für dich schon sechs geschlagen.

So dreht die Lebensuhr sich immer,
nach vorne, und niemals zurück,
die siebte Stunde bringt dir nimmer,
was du versäumtest je zurück.

Die »Acht«, die »Neun« und auch die »Zehn«,
die lass als Zahl ich ungeschoren,
dein Licht wird irgendwann vergehen,
du wirst an einem Abgrund stehen,
und glauben, jetzt bist du verloren

Die letzte Stunde in deinem Leben,
kann dir als Trost nur wenig geben,
bist du als armer Mensch gestorben,
hast du dasselbe Hemd erworben,
so wie der Reiche nebenan,
denn als die elfte Stund begann,
da fühlt auch er nur Schmerz und Trauer,
der Tod ist immer etwas schlauer.

Du siehst, mein Freund, so sprach er nun,
die Uhr kann viel dir sagen,
wenn irgendwann die Zeiger ruhn,
dann wirst auch du dasselbe tun,
du musst es nur ertragen.

Moment- sprach ich nach kurzer Zeit,
mein Freund, du bist vermessen,
zu glauben bin ich gern bereit,
doch muss ich sagen- tut mir leid,
du hast die »Zwölf« vergessen.

Drauf lachte er und meinte dann,
du wirst es noch verstehen,
was ich dir heut nicht sagen kann,
das wirst du später- irgendwann,
zur zwölften Stunde sehen.

Nachdenken

Das was dich umgibt ist deine Welt,
du kannst sie pflegen und zerstören,
wie's dir gefällt,
nur denk daran,
du brauchst die Gnade,
sonst gehst du zugrunde,
doch hat die Erde auch so manche tiefe Wunde,
dass sie auch ohne DEINE Gnade leben kann.

Heilende Kraft

Heilen kann man jede Wunde,

nehmen kannst du manchen Schmerz,

hier ein Wort aus deinem Munde,

dort ein ganz klein wenig Herz.

Denk an deine Mutter

Diese Frau, die da steht,
die so ängstlich sich dreht,
die in Hoffen und Bangen,
den Schleier umhangen,
ist eine Mutter.

Diese Tränen, die fließen,
sich wie Meere ergießen,
diese Trauer- der Schmerz,
das gebrochene Herz,
ist eine Mutter.

Dieses Sehnen und Warten,
und »nur niemals verzagen«,
dieses Kämpfen und Ringen,
mit all ihren Sinnen,
ist eine Mutter.

Diese Frau, die da steht,
und im Glücke sich dreht,
mit dem dankbaren Lachen,
diesem frohen Erwachen,
ist eine Mutter.

Ob die Mutter von dir,
irgendwann einmal hier,
wo die Andre stand, steht,
sich nach dir suchend dreht,
hängt an dir- mein Kind.

Mutterwärme

Ach Mutter die Wärme von dir tut so gut,
egal was ich mache, ich hab wieder Mut,
nun doch diesen Weg zu gehen.
Ach Mutter ich glaube, ich bin wieder frei,
die Angst und das Zweifeln, jetzt ist es vorbei,
denn bin ich bei dir, ist es schön.

Ach Mutter ich möchte dich niemals verlieren,
mein Herz wäre kalt, und es würde erfrieren,
wenn du nicht mehr bei mir bist.
Drum bleibe bei mir, komm und halte es warm,
und trage mich so wie als Kind auf dem Arm,
weil man dann so vieles vergisst.

Ach Mutter warum lässt es mir keine Ruh,
wenn ich daran denke, die Tür sie fällt zu,
und plötzlich da bin ich allein,
ist alles was bleibt dann Erinnerung an dich,
gibt es dann niemals mehr `ne Mutter für mich,
ach sage mir, wie wird es sein.

Ach Mutter warum hab ich es nicht gewagt,
warum nur geschrieben, und dir nicht gesagt,
und jetzt, da geht es nicht mehr,
nun hab ich die Antwort auf alles und weiß,
das Leben verlangt irgendwann seinen Preis,
und in meinem Herzen ist's leer.

Mutter am Grab

Sie sitzt auf einer Bank im Sonnenschein,
das Herz so schwer, und schwerer noch ihr Sinn,
sie möcht gern träumen, will alleine sein,
und dass Gedanken zu dem Kinde ziehen.

Ein Blumenmeer, es zeugt von lautem Klagen,
von keiner Blüte, fühlt sie sich beglückt,
denn ach es sind, für sie so viele Fragen,
für die es einfach keine Antwort gibt.

Ein Schmetterling, zieht lustig seine Kreise,
als wäre dieses Grab sein Paradies,
er sitzt mal hier, mal da auf seiner Reise,
und unter ihm liegt der, der sie verließ.

Die Mutter achtet nicht auf sein Getue,
sie schaut dem Falter zu, ohne Gespür,
er stört sie nicht in ihrer Seelenruhe,
ist es doch nur belangloses Getier.

Sie wünscht so sehr, das Kind es möge sehen,
dass »Mama« hier an seinem Grabe weilt,
und dass die Schmerzen irgendwann vergehen,
die Zeit auch ihre tiefen Wunden heilt.

Der Schmetterling, er flattert von dem Grabe,
zieht einen Bogen, zu der Mutter hin,
und lässt sich nieder, wie von Gottes Gnade,
setzt sich im Schoß von ihr sanftmütig hin.

Sie schaut ihn an, ganz regungslos und still,
und irgendwie kommt es ihr in den Sinn,
dass ihr der Sohn ein Zeichen geben will,
ihr sagen möchte, Mama glaub mir
»Ich bin«.

Mein Kind

Ruhe sanft in Gottes Erde,
schütze uns mit deiner Hand,
hilf dass Hoffnung Wahrheit werde,
wir uns sehn in deinem Land.

Lass Gedanken die verbinden,
unserer Worte Bote sein,
dass sich Herzen ständig finden,
keiner von uns ist allein.

Ruhe sanft mit Gottes Segen,
irgendwann ist es soweit,
wo wir auf getrennten Wegen,
finden uns in Ewigkeit.

Fürcht nie den Tod

Fürcht nie den Tod,
er kann dir geben,
was niemals war,
die lange Zeit,
in der du dachtest,
dass das Leben,
dich von dem Tod
doch trennt so weit.

Der Tod wird irgendwann befreien,
vergessen aber wird er nicht,
doch wird er manches dir verzeihen,
der Tod ist dunkel-
und doch Licht.

Alter Mann vorm Kamin

Ein alter Mann saß vorm Kamin,
und die Gedanken ließen ihn,
von diesem Ort nicht gehen,
er dachte an vergangene Zeit,
und seine Blicke ließen weit,
ihn in sein Leben sehen.

Sein Herz schlug schnell- so wie als Kind,
er ließ im schönsten Sommerwind,
den Drachen wieder steigen,
er sieht die Sonne- wie sie lacht,
und sieht sich gar in tiefster Nacht,
vor seinem Mond verneigen.
So wandern die Gedanken schnell,
durchs ganze Leben, das so hell
wie dieses Feuer scheint,
er denkt ans Schöne gern zurück,
was bringt ein Leben doch viel Glück,
ist man mit ihm vereint.

Ein alter Mann saß vorm Kamin,
und die Gedanken ließen ihn,
von diesem Ort nicht gehen,
er spürt sein Herz- den dumpfen Schlag,
und dumpf spürt er auch jeden Tag,
wie mit dem Wind verwehen.

So wandern die Gedanken schnell,
vor diesem Feuer, das so hell
wie die Erinnerung scheint,
er denkt an jeden Tag- der heut,
ihn nicht mehr so wie einst erfreut,
ein alter Mann, er weint.

Ein alter Mann sitzt vorm Kamin,
und die Gedanken lassen ihn
nicht mehr zur Ruhe kommen,
er fragt sich- kommt denn dieses Glück,
nicht doch noch mal zu mir zurück,
wer hat es mir genommen?

Er sieht sein Bett im Zimmer stehen,
er legt sich hin und lässt's geschehen,
und dankbar ist sein Herz,
mit jedem Tag in seinem Leben,
der ihm Erinnerung hat gegeben,
vergeht ein jeder Schmerz.

So sind Gedanken nicht mehr da,
und dort, wo die Erinnerung war,
ist's dunkel jetzt im Haus,
und kälter wird es mit der Zeit,
denn alle Wärme ist so weit-
das Feuer, es ist aus.

Gebet eines Sterbenden

Noch einmal will ich die Geburt des Frühlings spüren,
der Vögel Lieder- den Ruf des Kuckucks hören,
in sternenklarer Nacht,
nur einmal noch will ich den Himmel sehen,
ein Stück des Weges mit dem Monde gehen,
der für mich wacht.

Noch einmal nur ein Herz und eine Seele sein,
und Treue schwören einem Mädchen nachts im Mondenschein,
und es berühren,
in ihren Armen will ich wie auf Wolken schweben,
für kurze Zeit die Erde aus den Angeln heben,
und es verführen.

Noch einmal möchte ich gehütet sein als Kind,
mit Vater spielen in des Herbstes lauem Wind,
im bunten Wald,
und wissen, er ist mir so nah,
und immer dann, wenn ich ihn brauche, für mich da,
er gibt mir Halt.

Nur einmal noch will ich auf einer Wiese stehen,
die ganze Welt um mich in leuchtend bunten Farben sehen,
und mich befrein,
von allem, was müde mich und traurig macht,
doch spüre ich, schon bald da wird es Nacht,
dann wird's so sein.

Ungewissheit schafft Trost

Wie nichtig ist des Lebens Sinn,
und so verklärt,
wenn man doch das, was kommt nach ihm,
niemals erfährt.

Doch halt- das was ich sage, ist nicht wahr,
denn ist man tot, dann ist statt Frage,
die Antwort da.

Wie nichtig wär des Todes Sinn,
ganz ohne Fragen,
wie stürbe mancher lang dahin,
würd man's ihm sagen.

Dunkel und Licht

Wenn ich ein Dunkel seh im Licht,
ein Kreuz- kein Wort, nur tote Stille,
und dann das Herz, das fast zerbricht,
und dieses Leben ohne Wille.

Wenn tausend dunkle Wolken ziehen,
und Blitz und Donner sie begleiten,
selbst jene Blumen nicht mehr blühen,
die es sonst tun- zu allen Zeiten.

Wenn ich den Glockenschlag vernehme,
und den Gesang, der Trauer spricht,
und alles das, wonach ich sehne,
so wie ein Glas das fällt- zerbricht.
Dann seh ich dich, du Krankheit Not,
und dass du nur kannst Trauer geben,
dann seh ich dich, du Teufels Tod,
der du begehrst nach jedem Leben.
Wenn ich ein Dunkel seh im Licht,
dann sehe ich in dein Gesicht.

Wenn ich ein Licht im Dunkel seh,
die Welt in all den schönen Farben,
und das was ist, wo ich auch geh,
empfinde stets als schönste Gaben.

Wenn mich ein Kreuz zum Glauben bringt,
und Glockenschlag zu allen Zeiten,
mich wie in einen Schleier hüllt,
weit weg vom Tod und allen Leiden.

Wenn tausend dunkle Wolken ziehen,
die Wasser heute dorthin tragen,
wo morgen dann schon Blumen blühen,
und gestern Stein und Fels noch lagen,
dann seh ich dich, du höchstes Gut,
und mit dir weichen alle Sorgen,
dann seh ich dich, du Lebensmut,
und fühle mich bei dir geborgen.

Drum sollst du Licht stets bei mir sein,
und mach ich mal die Augen zu,
dann dring mir bis ins Herz hinein,
und bleibe dort- in ewiger Ruh.

Abschied

Du mein vertrautes Land,
ich wollt nie von dir gehen,
doch tut's mich unbekannt,
in andre Orte ziehen.
Drum nehm ich Abschied heut,
mit Tränen im Gesicht,
was morgen mich erfreut,
das weiß ich heut noch nicht.

Du meiner Kindheit Wiege,
gern nähme ich dich mit,
weil die Erinnerung bliebe,
bei manchem schweren Schritt.
Doch du musst weiter weilen,
wo meine Träume sind,
sollst niemals wieder heilen,
die Wunden- wie als Kind.

Du meine schönste Zeit,
machst mir das Herz so schwer,
ich tu mir selber leid,
und alles scheint so leer.

Doch hoffe ich mit dir auf Morgen,
und wünsche mir, es weicht das Sorgen,
ich könnte dich vergessen,
denn diese Zeit, sie war so schön,
drum bin ich glücklich, wenn ich geh,
ich habe dich besessen.

Wie ist es kalt

Wie ist es kalt, so kalt in meinem Zimmer,
so leer und still, wie es noch niemals war,
die Fenster blass, und ohne jeden Schimmer,
und trübe ist, was ich noch gestern sah.

Wie ist er grau, der Tag und ohne Hoffen,
dass ich das Licht der Sonne wieder seh,
wer schließt die Tür mir auf und hält sie offen,
dass ich den Weg von gestern weiter geh.

Wie ist es weit, was immer ich besaß,
wie nah die Frage, sag wo ist der Sinn?
mir ist, als ob das Leben mich vergaß,
als sterbe diese Welt mit mir dahin.

Wie ist es kalt, so kalt in meinem Zimmer,
die Wärme geht und was mir bleibt, ist Schmerz,
doch wird's auch kälter, weiß ich es bleibt immer,
ein wenig Wärme, tief in meinem Herz.

Der erste Sommertag

Die Sonne lacht,
und alle Wolken ziehen,
es ist als wär,
die Welt wie nie so schön,
die kalte Nacht,
vergessen und verziehen,
wie war es schwer,
noch gestern zu verstehen.

Es ist so still,
und diese Stille spricht,
sie sagt die Kälte,
sie ist nun vorbei,
ich seh ein Ziel,
ich sehe nur noch Licht,
und weiß schon bald,
da bin ich wieder frei.

Wie nie zuvor,
hör ich der Vögel Lieder,
und der Gesang,
dringt tief mir in das Herz,
was ich verlor,
das weiß ich heut erst wieder,
den Sommer lang,
und dann kommt wieder Schmerz.

Grüne Wiese

Grüne Wiese, ach wie herrlich
blühst du auf im Sonnenlicht,
tausend Blumen tun dich zieren,
sich im weiten Kreis verlieren,
Löwenzahn, Vergissmeinnicht.

Grüne Wiese, auf dir tummeln,
sich der Fliegen große Schar,
Bienen, Wespen, Mücken, Hummeln,
und auch manche Falter bummeln,
dort, wo sonst kein Leben war.

Grüne Wiese, ach wie spendest
du des Lebens Nahrung, Brot,
mir ist so, als ob du bändest,
einen neuen Band erfändest,
bringest alles in sein Lot.

Grüne Wiese, nicht verstanden
wird dein Werk aus Gottes Hand,
Menschenhände sie verbrannten,
weil als unnütz sie erkannten,
blühend, duftend, grünes Land

Einsamkeit

Wie Hass ich dich du Einsamkeit,
du kannst mir nur Enttäuschung geben,
bist du bei mir, tu ich mir Leid,
und jeder Sinn in meinem Leben,
der ist verflogen, so wie Rauch,
und ihn zu finden, fällt mir schwer,
du nimmst den letzten Lebenshauch,
und lässt mir überhaupt nichts mehr.

Oh Einsamkeit, wie bist du nah,
wo ich auch bin, an jedem Ort,
ist außer dir, oft nichts mehr da,
und nur Gedanken, nie ein Wort,
ziehen zu dir, so wie der Wind,
und alles, was uns je verbind,
das wünsch ich, könnte ich vernichten,
gern würde ich auf dich verzichten.

Oh Einsamkeit, du mein Begleiter,
könnt ich dich fühlen, oder sehen,
du machst mich traurig, niemals heiter,
und musst tagtäglich- immer weiter,
den Weg den ich geh, mit mir gehen.

Doch weichst du kurze Zeit von mir,
seh ich die Welt in neuem Licht,
und dieses bringt mir mit die Gier,
auch einsam zu verzagen nicht.

Und deshalb will ich mich bedanken,
mit dir zu sein, ist manchmal gut,
denn du, du lässt mir die Gedanken,
ganz ohne Grenzen, ohne Schranken,
und gibst mir wieder Mut.

La Bruja

Die Hexe jagt mit dem Steppenwind,
noch eh der frühe Tag beginnt,
muss mit dem Wind sie ziehen,
um jenen zu entfliehen,
die nun seit Tagen- Wochen schon,
sie jagen, hetzen und verfluchen,
dies Pferd, wäre für sie der Lohn,
nach dem doch alle Reiter suchen.

Das Pferd, in diesem weiten Land,
»La Bruja« wird es nur genannt,
»Die Hexe«, die doch alle kennen,
und jeder will sein Eigen nennen,
was doch der Freiheit nur gehört,
doch keinen hat dies je gestört,
nein, Lieder sie schon sangen,
vom Hetzen, Jagen, Fangen.

La Bruja flieg mit dem Steppenwind,
du siehst, der Tag kommt und geschwind,
da kommen auch die Reiter,
La Bruja ziehe weiter.
La Bruja gehe heut aufs Ganze,
komm gib den Reitern keine Chance,
schau nicht zurück, nein schau nach vorn,
sieh die Verfolger- ihren Zorn,
La Bruja halte aus,
sonst ist es dein Garaus.

So geht es schon ein ganzes Jahr,
und immer sind die Reiter da,
die Hexe weiß nicht mehr wohin,
La Bruja flieht und mit ihr ziehn,
die Reiter und ihr Spiel,
La Bruja ist ihr Ziel.

Dann ist es aus, die Kraft verfliegt,
ein letztes Mal der Wind noch zieht,
und mit ihm ziehen die Reiter,
La Bruja kann nicht weiter.

Das Lasso flog, der Hals er zog,
den Reiter von dem Pferd,
und alle staunen, die es sehen,
wie sollen sie es auch verstehen,
ist Freiheit so viel wert?

Doch dann gewinnt die Übermacht,
und für La Bruja wird es Nacht,
ade, du Steppenwind und Glück,
niemals mehr komme ich zurück,
erzählt es weiter, wie's geschah,
mit dieser Hexe, »La Bruja«.

Liebe ist nur ein Wort

Liebe soll uns stets verbinden,
alle Zeit, wo wir auch sind,
helfen uns zu überwinden,
dass das Gute stets gewinnt.

Doch die Liebe zu ergründen,
ist die Welt kein rechter Ort,
hier kann man sie schwer nur finden,
Liebe ist oft nur ein Wort.

Gedanken verbinden

In Gedanken jemand bei sich zu haben,
ist die schönste Gabe Gottes.

Denn solange du an jemand denkst,
bist auch du nicht vergessen.

Liebe

Die Blumen blühen wie nie zuvor,
als blühten sie für mich,
und deine Stimme klingt im Ohr,
mir wie von fern der schönste Chor,
ich denke nur an dich.

Ich freu mich heute schon auf morgen,
denn wenn ich bei dir bin,
dann weichen von mir alle Sorgen,
dann fühl ich mich wie nie geborgen,
und sehe wieder Sinn.

Der Himmel zeigt sein schönstes Blau,
und alle Wolken ziehen,
und bunt wird, was noch gestern grau,
weil ich allein auf dich vertrau,
und weil ich bei dir bin.
Ich möcht dich halten immer fort,
dich sehn zu jeder Stund,
und ganz egal an welchem Ort,
klinkt wie Musik ein jedes Wort,
aus deinem süßen Mund.

Die Blumen blühen wie nie zuvor,
und ich gewann, obgleich verlor,
ich meiner Freiheit Wiege,
denn alles, was ich heute bin,
bekam durch dich erst einen Sinn,
und das was war- war Lüge.

Lüge und Wahrheit

Die Lüge ist die größte Last,
sie wiegt so schwer wie Stein,
und ganz egal, was du auch machst,
wenn du dabei gelogen hast,
wird man dir's nie verzeihn.

Die Wahrheit ist das höchste Gut,
denk stets daran und hab den Mut,
sie nie zu hintergehen.
Doch manchmal kann's schon besser sein,
kennst DU die Wahrheit ganz allein,
sie einfach nicht zu sehen.

Vorbei- vorbei

Wenn sanft das Mühlenrad sich dreht,
und mild die Luft die Zweige hebt,
wenn aus der Ferne immer wieder,
die Melodie der Vögel Lieder,
wie Hoffnung klingt.
Dann glaub ich an die Welt von morgen,
dann spür ich's Leben das mir Sorgen,
und Ruhe bringt.

Wenn ich die Bank am Waldrand seh,
und vor der alten Eiche steh,
die mich in meinen Kindheitstagen,
so oft in ihrem Arm getragen,
spür ich die Zeit.
Dann spür ich vieles ist vergangen,
was grade doch erst angefangen,
und tu mir Leid.

Wenn Bilder aus vergangenen Tagen,
mein Herz erfreuen, und dennoch plagen,
wenn die Erinnerung wird zur Qual,
dann denke ich so manches Mal,
ich möcht zurück.
Noch einmal will ich alles finden,
alles spüren und empfinden-
verlorenes Glück.

Alles was so lange ruhte,
ist wieder da, mein Herz- ich blute,
und hör den Schrei.
Jahre gehen und sind verloren,
und kein Tag wird neu geboren,
vorbei- vorbei.

Glauben

Glauben heißt, den Weg zu sehen,
und das Ziel, wohin er führt,
Wissen heißt, ihn auch zu gehen,
ohne dass man sich verirrt.

Glauben soll man alle Tage,
denn wer glaubt, der sieht ein Licht,
offen bleibt manch eine Frage,
Glauben heißt,...

»Ich weiß es nicht«.

Es gab einmal Menschen

Es gab einmal Menschen, vor sehr langer Zeit,
und trotz dieser Menschen, da gab es nie Neid,
da gab es nie Lügen, nicht Hass und nicht Mord,
da glaubte man jedem, auch ohne sein Wort.
Es gab einmal Menschen, die waren so frei,
und dennoch ging keiner am andern vorbei,
da zählte ein jeder, ob arm oder reich,
als Mensch unter vielen, und war ihnen gleich.

Doch dann kamen welche, die wollten zu viel,
und alles was gut war, verging für ein Ziel.
Ein jeder dachte, die Welt wäre sein,
so stellte der Eine dem Andern ein Bein.

Die meisten die fielen und lagen alsbald,
getreten am Boden, und suchten nach Halt,
als sie ihn nicht fanden, da gaben sie auf,
und alles was bös war, das nahm seinen Lauf.

So zogen die Tage und Jahre ins Land,
und in manschen Herzen, entfachte ein Brand,
die Sehnsucht nach alledem, was man verlor,
erst wenige Stimmen, und später ein Chor.
Doch sah man schon bald, nun war es zu spät,
und alles geerntet, was man gesät.

Es gab einmal Menschen, und dann die Gefahr,
dass alle vergessen, wie schön es mal war.

Geh mit mir

Leg deinen Arm um meine Schulter,
lass uns den Weg gemeinsam gehen,
und bis zum Ende aller Tage,
in Treue fest zusammen stehen.

Schenk mir dein Herz, und lass mich wissen,
dass es mir stets gehören wird,
so brauchst du meines nicht zu missen,
weil es dir so wie deins gehört.

Gib mir die Hand auf allen Wegen,
und lass mich niemals mehr allein,
so wirst auch du in deinem Leben,
nie wieder mehr alleine sein.

Leg deinen Arm um meine Schulter,
dann weiß ich, dass du mit mir gehst,
und dann, am Ende aller Tage,
mit mir vereint vorm Schöpfer stehst.

Leben ist heut

Frag nicht nach dem Glück von morgen,
träume nicht von dem was war,
nimm das Heut mit all den Sorgen,
als dein Glück von morgen wahr.

Irgendwann in fernen Tagen,
wenn die Sehnsucht nicht mehr lebt,
wirst du dich im Stillen fragen,
wonach habe ich gestrebt.

Die Großen der Welt

Wer möchte nicht in seinem Leben,
ein Maler so wie Rembrandt sein,
gar so, wie Marco Polo streben,
ins ferne Morgenland hinein.
Und wer erzählt nicht seinem Sohn,
an einem Abend die Geschichte,
von Thomas Alva Edison,
vom Phonographen und vom Lichte.
Und wer denkt nicht an jenen Kreis,
der großen Ärzte dieser Welt,
an Robert Koch, an Semmelweiß,
mit denen Tod und Leben fällt

Und wie oft denkst du leis für dich,
in dieser Welt bin ich verloren,
es bleibt nichts übrig mehr für mich,
denn ich bin viel zu spät geboren.
Was könnte ich als »kleiner« Mann,
denn anderes tun, als nur zu staunen,
was jener weiß, und ich nicht kann,
mir bleibt da nur ein stilles Raunen.

Ja, wie verehr ich jene Leut,
ob Diesel, Ross, Immanuel Kant,
ach würden sie noch leben heut,
wie arm ist ohne sie dies Land
So sitzt du da und denkst für dich,
dazu bin ich nicht auserkoren,

es bleibt nichts übrig mehr für mich,
nein, ich bin viel zu spät geboren.

So resignierst du selbst vor dir,
zeigst keinen Eifer, keinen Mut,
und jene Flamme deiner Gier,
zeigt heute schon die letzte Glut.

Wie hast du oft gedacht für dich,
auch mich soll man mal später kennen,
noch mehr als das, denn es wird mich,
ein jeder einen »Großen« nennen.
Nein, leben nur um alt zu werden,
bis dass der Tod dann löscht das Licht,
dazu ist doch die Zeit auf Erden,
dir viel zu kurz, du willst das nicht.

Und heute nun siehst du schon fast,
dich als Verlierer, nicht Gewinner,
und gehst gebeugt unter der Last
des Lebens, »klein« bist du noch immer.

So bleibt dein Traum, das was er ist,
ein schönes Bild, aus frühen Tagen,
anstelle, das du klüger bist,
wirst du erdrückt von tausend Fragen.

Dann mit der Zeit bist du vergessen,
und leider kann's nicht anders sein,
ich kann nur deinen Namen lesen,
auf einem kleinen Kreuz aus Stein.

Wünsch dir nie die Zeit verginge,

es wäre gestern, und nicht heut,

etwas Schönes bleibt im Sinne,

meist von dem, was man gescheut.

Friedenstraum

Ich träumte mal von einer Welt,
und hab mir dabei vorgestellt,
in dieser Welt zu leben,
da war die Angst unendlich weit,
und Kriege gab's zu keiner Zeit,
und hat es nie gegeben.

So träumte ich die ganze Nacht,
die Stunden, die sie mir gebracht,
die möcht ich nimmer säumen.
Hat man auch nicht, was man gern will,
so ist es manchmal doch schon viel,
was man gern will, zu träumen.

Ich frag nach dem Ziel

Du Mensch siehst nur dein Ziel.

Du gehst den Weg stets über Leichen,
denn all die andern müssen weichen,
du siehst dein Ziel.
Und alles, was ein andrer sucht,
hast du schon heut für dich gebucht,
für dich und den Gewinn,
du suchst nur ihn.

Du Mensch denkst nur an Krieg.

Du fragst, wie kann ich nur gewinnen,
den Andern auf den Boden zwingen,
du denkst an Krieg.
Und alle andern wollen leben,
und müssen der Gedanken wegen,
an deiner Seite sein.
Nur weil sich manche nicht verstehen,
sollen sie sich nach dem Winde drehen,
und sind dann irgendwann allein.

Du Mensch willst keine Schuld.

Die Last, die soll der andere tragen,
ihm geht's dann später an den Kragen,
doch du hast keine Schuld.
Das was du machst, ist immer recht,
und geht es all den andern schlecht,
dann nimm Distanz davon,
und bleib auf deinem Thron.

Du Mensch bist wahrhaft frei.

Die Fesseln leg dem Andern an,
damit er das, was du - nicht kann,
doch du bist frei.
Dich kümmert nicht der Freiheit Preis,
den zahlen andre, still und leis,
was du willst hast du schon-
der Freiheit Lohn.

Du Mensch kennst kein Verbot.

Das hat man nicht für dich gemacht,
schon tausendmal hast du gelacht,
sagt man »Verbot«.
Dich kümmert nicht geschriebenes Wort,
du drehst dich um, gehst einfach fort,
und suchst nach deinem Ziel,
willst stets zuviel.

Ich sah Soldaten

Ich sah Soldaten, die marschierten,
und ihr Gesang klang weit,
was man auch sagte, sie parierten,
und die Gewehre, ja sie zierten,
sie wie der Frauen schönstes Kleid.

Sie zogen durch ein weites Land,
durch Steppe und durch Wüstensand,
durchquerten Flüsse und Gefahren,
ja selbst die stärksten Mauern brachen,
ihr Herz war schwer wie Blei,
der Kampf, er machte frei.

Ich sah Soldaten und den Tod,
sah Hunger nur und niemals Brot,
sah Tränen in den Augen,
und sah die Erde saugen,
das Blut, den Körper- nicht den Schmerz,
und diese Männer ohne Herz,
die hab ich auch gesehen,
und konnte nie verstehen.

Ich sah ein Land, so öd und leer,
sah Schutt und Asche- immer mehr,
und wo die schönsten Blumen blühten,
sah ich Soldaten, sah sie wüten,
ganz ohne jeden Sinn,
und alles war dahin.

Ich sah auf einem weiten Feld,
die meisten Kreuze dieser Welt,
der Wind, er sang sein Lied,
und ich sang leise mit.
Da sah ich Einigkeit und Frieden,
sah Menschen, die das Leben lieben,
und alles Schöne neu beginnen,
sah nie verlieren, nur gewinnen,
der Krieg, er war vorbei,
verloren- und doch frei

Ich sah Soldaten und ihr Herz,
und sah die Frauen und den Schmerz,
ich sah die Hoffnung und die Tränen,
und alle die, die sich nun schämen,
sie hab ich auch gesehen,
und werde nie verstehen.

Zehn kleine Soldaten

Zehn Landser krochen übers Feld,
da blieb der Eine liegen,
er hat sich zu ner Zahl gesellt,
und Fragen werden nie gestellt,
weil doch so viele blieben.

Neun Landser krochen durch den Wald,
da fiel der Eine um,
die andern acht, lässt das nicht kalt,
doch haben viele schon gezahlt,
zu Weinen wäre dumm.

Acht Männer mit Gewehren,
versuchten sich zu wehren,
nach Schüssen und nach Hieben,
da waren's nur noch sieben.

Es lagen sieben Mann im Dreck,
da schlug ne Bombe ein,
und vier von ihnen waren weg,
und einer sagte, komm und steck,
hier doch ein Kreuz hinein.

Drei Landser schwammen durch den Fluss,
und plötzlich da, es fällt ein Schuss,
am andern Ufer dann,
da kamen zwei noch an.

Zwei Männer warn in Stalingrad,
ganz ohne Mut und Ziel,
den einen strich man von dem Blatt,
weil man ihn nie gefunden hat,
ein Name ist nicht viel.

Ein Landser kam nach Haus zurück,
und statt der Neunen– ohne Glück,
da bringt er zehn Gewehre mit,
und er bekam nen Orden,
gehüllt in großen Worten.

Zu Hause dachte er dann nach,
an Elend und an Not,
und die Erinnerung hält ihn wach,
setzt ihn für alle Zeiten matt,
für alle Zeiten Tod.

Weshalb- Warum?

Warum sind Kinderaugen trüb und voller Fragen?
warum mehr als gesättigt wir, und andre klagen,
wo bist du Gott?
Weshalb lässt du's geschehen und greifst nicht ein?
dies Unrecht kann doch nicht dein Wille sein,
nicht dein Gebot.

Weshalb sind Menschen voller Angst und fliehen?
weshalb vertreibt man sie von dort, wohin sie ziehen?
wo ist der Sinn, wer nimmt sich dieses Recht- wer schweigt?
Warum vergeht kein Tag ohne Gewalt?
warum lässt dich und mich so manches Elend kalt?
ein Unrecht, das mit Macht zum Himmel schreit.

Weshalb gibt's Reich und Arm, warum des Glückes Überfluss und Leid?
weshalb sind wir, obwohl das Böse schmerzt, zum Guten nicht bereit?
warum glaub ich an Gott, wenn er nichts tut?
Wer tröstet, wer beschützt und setzt sich ein?
wer hat das Herz und sagt »es darf nicht sein«?
wer nimmt mir meine Zweifel, und wer gibt mir neuen Mut?

Warum tun wir die Hände oft zur Faust,
und selten oder nie auch mal zum Beten falten?
warum sind wir nicht fähig, was uns gegeben,
zu unser aller Nutzen zu verwalten?
weshalb verändert uns ein Meer von Tränen nicht?

Warum kommt Einsicht erst und Reue, wenn es ist zu spät?
warum hörn wir so selten auf die innere Stimme,
die zu Vernunft und Einsicht rät?
wer lässt das Blut in uns, wer unser Herz und unsre Seele so erkalten?

Warum verhallen Schreie von Millionen Kinder nach Recht auf Leben,
etwas Mutterwärme Trost und Freud?
weshalb verwöhnt das Leben uns,
und jenen bleibt nur für ein Beten auf ein besseres Morgen Zeit?
weshalb verdrängen wir die Schuld und bleiben stumm?
Was bleibt ist »Gott«, das Hoffen auf die Gnade vor dem Gericht,
was bleibt ist eine Welt, die irgendwann an ihrer eigenen Schuld
zerbricht,
was bleibt sind Fragen, Fragen nach

Weshalb- Warum.

Du bist mein Glück

Wie gern möcht ich ein Kind noch sein,
wie wären manche Sorgen klein,
wie schnell könnt ich vergessen,
wie könnt ich lieben und verstehen,
mit Kinderaugen alles sehen,
und Märchenbücher lesen.

Wie gern ging ich die Zeit zurück,
gern hätte ich ein kleines Stück,
von dem was einmal war,
und manchmal hielt mich Mama warm,
gehütet wohl in ihrem Arm,
dem Mutterherzen nah.

Was kümmert dich mein Kind die Welt,
das Einzige was für dich zählt,
ist jetzt- der Augenblick,
was morgen wird und gestern war,
das sorgt dich nicht, es ist nicht da,
und schmälert nicht dein Glück.

Wie oft schau ich mein Kind dich an,
und immer denke ich daran,
was mir die Zeit gebracht,
nie strebte ich nach Ruhm und Geld,
doch wer hat das, was mal gezählt,
was lebte »tot« gemacht?

Und doch, sie brachte mir das Glück,
mit dir mein Kind noch mal zurück,
ich sehe einen Sinn,
denn schaust du mich- und ich dich an,
denk ich mit Dankbarkeit daran,
wie Reich ich mit dir bin.

Trügerisch

Die Sonne scheint nicht nur der Menschheit wegen,
der Regen fällt nicht nur für Gras und Grün,
ein Herz, das schlägt nicht nur des Lebens wegen,
und bleibt nicht, weil müde wir sind, einmal stehn.

Ein Strauch trägt nicht Blumen, nur um zu erfreuen,
ein Vogel singt nicht nur aus Freud,
die Sünden gibt's nicht nur, um sie zu bereuen,
nicht um zu vergehn gibt's die Zeit.

Ein Lachen ist nicht nur ein Zeichen von Glück,
denn mancher der lacht ist allein,
von dem was wir meinen ist's oft nur ein Stück,
doch tausendfach trügt uns der Schein.

Geständnis

Mein Kind wie sag ich's dir, wie kann ich es erklären,
dass ich ein Mensch nur bin, nicht deine Phantasie,
so gut es tut, es tut auch weh mich zu verehren,
das was du glaubst mein Kind, glaub mir das bin ich nie.

Wenn ich auch sage, was du tun sollst oder nicht,
so heißt das nicht, dass ich das Richtige stets getan,
und wenn mein Ideal einmal in dir zerbricht,
lass mich nie fallen, sonst zerbreche ich daran

Mein Kind was tu ich nur, wie kann ich es nur sagen,
dass ich nicht bin, was immer du auch von mir denkst,
ich will doch Träume nur in deine Sinne tragen,
nicht dass du mir die eignen Träume schenkst.

Wenn ich Vergangenes sehe

Wenn ich Vergangenes heute sehe,
den Weg in meine Kindheit gehe,
dann möcht ich immerzu dort bleiben,
in dieser meiner Welt verweilen,
und glücklich sein, nur für Sekunden,
in dieser, meiner Welt versunken.

Wie schwer zu finden ist doch oft der Sinn,
wenn ich heut nicht- wie einst ein Kind noch bin,
und schwerer noch, es zu verstehen.
Wie leicht war alles, was ich auf den Schultern trug,
von dieser süßen Last, ich hatte nie genug,
und wollte mehr, und wollte mehr noch sehen.

Doch stahl die Zeit mir dann die Jahre und das Glück,
und sagte mir, mein Freund es kommt nie mehr zurück,
das was dein Eigen doch noch gestern war,
so blieb mir dann nur meine Hoffnung auf die Welt,
die auch im Alter immer ihr Versprechen hält,
Versprechen, die doch gestern ich noch sah.

Doch wie die Blumen, so verblühten auch,
die Kindertage, es blieb nur ein Hauch,
von allem, was mir war als Kind,
nun bin ich glücklich, schau ich Kinder an,
und voller Mitleid, denke ich daran,
wie schnell die schöne, goldene Zeit verrinnt.

Reich und Arm

Wenn Hunger du und Leid nicht kennst,
gesättigt Leib und Seele nennst,
nur Gutes dir ist widerfahren,
und deine Freunde »Freunde« waren.

Wenn dir des Lebens reine Lust,
erspart, dass du mal kämpfen musst,
und niemals dir auf dieser Welt,
ein andrer hat ein Bein gestellt.

Wenn's leicht dir fällt, dein Kreuz zu tragen,
man Antwort gibt auf deine Fragen,
und Kummer, Zweifel, Pein und Last,
du nie bewusst empfunden hast.

Wenn du nicht kennst ein innig sehnen,
und Salz nie schmeckst aus deinen Tränen,
und niemals fällst aus deiner Bahn,
dann bist du reich....

und dennoch arm.

Impressionen im Flugzeug

Das Herz, es dröhnt mir in den Ohren,
die Angst, sie schlägt mir ins Gesicht,
von draußen hör ich die Motoren,
dann sitz ich drinnen, dicht an dicht,
schon geht es höher, immer schneller,
die Trübsal geht und immer heller,
der Sonne Licht.

Ich seh die Welt vorüber fliegen,
seh Wolken mir zu Füßen liegen,
den blauen Himmel, den so nah,
ich nie in meinem Leben sah-
den schau ich an.

Wie ist die Freiheit doch so groß,
und ach wie klein der Menschheit Los,
niemals mehr möchte ich zurück,
denn nur hier oben find ich Glück,
das erste Mal im Leben,
will ich nach oben streben.

Ich möcht gern in den Himmel ziehen
der trüben Welt so gern entfliehen,
vergessen und verzeihn,
für etwas glücklich sein.

Das Herz, es dröhnt mir in den Ohren,
mir ist, als wär ich neu geboren,
denn all die Last, sie weicht von mir,
ich seh nur Sonne und die Gier,
nach Licht ist endlos groß.

Dann klingen die Motoren heller,
und es geht tiefer, immer schneller,
schau ich der Wahrheit ins Gesicht,
der Vorhang, der zusammenbricht,
sind Wolken, trüb und grau,
Wolken, wohin ich schau.

Von fern hör ich noch die Motoren,
und fühle mich wie nie verloren,
nur kurze Zeit hab ich vergessen,
und nun ist alles, wies gewesen,
so endlos lang und weit,
so voller Traurigkeit.

Dort oben war die Sonne da,
und blauer Himmel war so nah,
hier unten sehe ich kein Licht,
und auch die Welt, die seh ich nicht,
weil ich die Augen schließe,
und das was war, genieße

Die Ruhe ist so, wie die schönste Blume.
Sie lässt deine Gedanken blühen,
und erfüllt dein Herz mit Liebe und Dankbarkeit.
Du vergisst den Schmerz der vergangenen Tage,
und denkst nicht an die Ungewissheit der Zukunft.

Die Ruhe ist so, wie die schönste Blume.
Sie wird verwelken,
und mit den gestorbenen Blättern,
fällt die ganze Sinnlichkeit und Verschwiegenheit
auf den Boden,
und was bleibt,
ist das dürre Geäst-
des Lebens.

Ein Blatt sich sanft im Winde wiegt,
bis dass die Schwerkraft hat gesiegt,
das Blatt es liegt danieder,
du Erde nimmst es in den Arm,
und saugst es auf und hältst es warm,
und schenkst ihm Leben wieder.

Du Mensch wirst irgendwann zu Staub,
liegst in der Erde wie das Laub,
verfault sind deine Glieder,
und Blätter kommen und vergehen,
doch dich wird man nie wieder sehen,
denn du kommst niemals wieder.

Schau nicht auf die Uhr

Schau nicht auf die Uhr,
lass sie ticken, lass sie schlagen,
soll sie uns die Stunde sagen,
lass sie nur, lass sie nur

Schau nicht auf ein Jahr,
denn wie schnell fliegt es dahin,
du erkennst erst einen Sinn,
wenn es war, wenn es war.

Schau nicht auf die Zeit,
freue dich am Augenblick,
denn so schnell vergeht das Glück,
geht so weit, geht so weit.

Schau nicht auf die Uhr,
zähle auch nicht Tag und Nacht,
weil die Uhr darüber lacht,
doch lass sie nur, lass sie nur.

Trage dein Kreuz

Trage dein Kreuz, denn es ist eine Last,
die bis zum Ende zu tragen du hast,
lege sie nie an den Straßenrand,
sonst trägt ein Anderer zuviel, der sie fand.

Ist dir dein eigenes Kreuz mal zu schwer,
glaube mein Freund, dann vermute ich sehr,
dir gab ein anderer Mensch einen Tritt,
ihm war's zu schwer, und du trägst es mit.

Regen falle

Regen falle,
überflute diese Welt, die Menschen alle,
nimm der Sünden schwere Laster,
einfach fort.

Regen falle,
lass die Erde neu erblühen,
denn vielleicht wird so verziehen-
dieser Mord.

Fließe Wasser, werd zum Strome,
reiß die Menschen von dem Throne,
eh's zu spät.
Fließe Wasser, fließ und räche,
endlich unsere Menschenschwäche,
die gesät.
Lass die Welt wie einst vergehen,
eine Arche soll entstehen,
wie zuvor,
lass das Leben neu beginnen,
lass es wieder das gewinnen,
was verlorn.

Wasser, Wasser du bist fort,
wie ein Haar, so ist mein Wort,
ohne Sinn,
nur ein Schmerz warst du, nicht Tod,
für den Menschen kein Verbot,
kein Gewinn.

Herbstlied

Schweiß der Blätter tropft auf goldne Erde,
leise singt der Wind sein schönstes Lied,
weiße Wolken ziehen wie Schäfers Herde,
und ein Auge glänzt, weil's alles sieht.

Nebel rollt wie Schleier durch das Tal,
singend grüßt ein Vogel diesen Morgen,
rauschend grollt von fern ein Wasserfall,
irgendwie fühl ich mich heut geborgen.

Blumen welken auf dem schönsten Grunde,
und ein Maler schafft sein schönstes Bild,
ja, es heilt gar manche tiefe Wunde,
und auch manche Sehnsucht wird gestillt.

Junger Tag, ich möchte mich bedanken,
mag die schöne Stunde auch vergehen,
denn ich werde immer in Gedanken,
jeden neuen Tag genauso sehen.

Herbstbild

Die Welt in tausend Farben sehen,
durch dichtes Laub im Walde gehen,
und Frieden spüren,
milde Wärme, reine Luft,
umhüllen mich mit süßem Duft,
ich will's begehren.

Und neben mir der Bach so still,
er rauscht und fließt zu seinem Ziel,
wie Gold so rein,
bald wird er ruhen und auf dem harten,
vereisten Grund des Bettes warten,
aufs neue Sein.

Ich bleibe stehen, um zu verweilen,
möchte der Erde Wunden heilen,
dass sie mich liebt,
zumindest will ich »Danke« sagen,
dass sie in schönster Art auf Fragen,
mir Antwort gibt.

Was war es stirbt in dem Bestreben,
so schön zu sein wie nie im Leben,
weil Gott es will,
ich gehe weiter durch den Wald,
und es wird dunkel, es wird kalt,
und-

es ist still.

Wanderer im Herbstwald

Golden glänzt das Laub der Bäume,
Farbenpracht, ich staun und seh,
alles das, was ich sonst träume,
das ist da, wo ich jetzt steh.
Ach wie steigt in mir Verlangen,
wie erfüllt ist mir mein Sinn,
wär mir diese Stund entgangen,
wüst ich nicht, wie reich ich bin.

Jeden Schritt will ich genießen,
wünsch mir, ich käm nie ans Ziel,
Blumen welken, Brünnlein fließen,
klein, und doch unendlich viel.
Alles das hab ich empfangen,
tief bleibt es im Herzen drin,
wär mir diese Stund entgangen,
wüst ich nicht, wie reich ich bin.

Herbstbeginn

Draußen singt der Wind im weiten Feld,
leuchtend wiegen Bäume sich und Farben,
fern ein Ross, mit Reiter- stolzgeschwellt,
seh ich über goldene Erde traben.

Kaum ein Laut, nur drüben immerzu,
hör ich Glocken, aus dem Tal her klingen,
und mir ist, als würde in der Ruh,
mir mein Herz ein Lied vom Frieden singen.

Mildes glühen, am fernen Firmament,
tausend Strahlen wollen mich berühren,
und von nah, als wär's ein Konkurrent,
ist ein Bächlein und sein Lauf zu hören.

Trübe Welt- und dennoch rein und klar,
wiegt ein Schleier, so wie das Bestreben,
über alles das, was gestern war,
eine Decke der Besinnlichkeit zu legen.

Inne halt ich, weil's mein Herz begehrt,
frage nach Erfüllung, frag nach Glück,
was ich sehe, ist nicht Goldes wert,
doch gäbe ich es keinem je zurück.

Goldener Herbst

Ein kleines Bäumchen steht im Feld,
mit leuchtend bunten Farben,
was stetig von den Zweigen fällt,
liegt bald wie Gold im Garten.

Der Wind, er treibt sein schönstes Spiel,
will Gold um Gold sich holen,
das letzte Blatt, es bleibt sein Ziel,
dann hat er es gestohlen.

Das Bäumchen, es steht kahl und klein,
als würden Tränen fließen,
und doch es muss nicht traurig sein,
es wird dem Herbstwind gern verzeihn,
denn Gold liegt ihm zu Füßen.

Winterbeginn

All die Stimmen sind verklungen,
wie von großer Macht verschlungen,
leise ruht das weite Tal.
Bäche frieren auf den Feldern,
und das grüne Werk der Wälder,
ist auf einmal grau und kahl.

Droben in der weiten Ferne,
glitzern lieblich noch die Sterne,
unermesslich großes Heer.
Doch schon bald wird es vergehen,
weinend werden Winde ziehen,
und auch Wolken, weiß und schwer.

Herden grasen auf den Weiden,
müssen noch die Stallung meiden,
dunkler Nebel rollt durchs Land.
Und als wollt er uns begrüßen,
lässt er erste Flocken rieseln,
gibt der Winter uns die Hand.

Neue Welt ist uns geboren,
für die Herzen auserkoren,
müde dröhnt der Glockenschlag.
In den Stuben singen wieder,
Kinder träumend Weihnachtslieder,
und die Seelen sind so stark.

Gott ich dank dir für die Stunden,
denn Besinnung heißt Gesunden,
wenn auch Schnee und Kälte kam.
Sie bedecken manche Wunden,
und die Trübsal ist verschwunden,
und im Zimmer ist es warm.

Schöne Weihnachtszeit

Wenn Kinderherzen schneller schlagen,
und kleine Bäumchen Lichter tragen,
und Träume nachts bei jedem Kind,
Erwartung und Erfüllung sind.

Wenn Flöckchen rieseln auf die Erde,
damit es weiß und sauber werde,
und Melodien zu allen Zeiten,
uns einen neuen Weg bereiten.

Wenn wir an arme Menschen denken,
und ihnen Trost und Mitleid schenken,
und hoffen, dass die Welt von morgen,
uns unsere Zweifel nimmt und Sorgen,
dann ist die Heilige Nacht nicht weit,
drum lieb ich dich- du Weihnachtszeit.

Es war schön

Es war schön,
die Ruhe, die Stille- die Kälte,
das Rauschen des Baches wie ein Gebet zu empfinden.

Es war schön,
die reine, unbefleckte verschneite Landschaft,
das glitzernde Weiß auf Wiesen und Feldern,
das Wandern im winterlichen Wald.

Es war schön,
die im hellen Glanz erleuchteten Berge zu sehen,
und die kahlen Zweige und Äste,
die in gespenstischer Kargheit unendliche Wärme vermitteln.

Es war schön,
in der warmen Stube den kalten Wind zu hören,
zu spüren, wie die Natur Frieden findet,
und sich fast untertänig der weiten Ruhe beugt.

Es war schön,
die klare, reine Luft zu atmen,
den goldenen Mond am traumhaften Sternenhimmel zu bewundern,
die faszinierenden Gebilde von Eiskristallen zu bestaunen,
und wie die milden Strahlen der Sonne ihnen das Leben gewährt.

Es war schön,
die Ruhe, die Stille- das Schweigen,
der wohltuende, rufende Klang der Dorfkirche.

Es ist schön,
nach Monaten wieder den Gesang der Vögel zu hören.

Wörterspiel

Sehen heißt Fühlen,
und Hören, Geduld,
Trösten heißt Kühlen,
und Angst das heißt Schuld.

Hasten heißt Streben,
und Warten, Verstehen,
Lachen heißt Leben,
und Leben Vergehen.

Inhalt

Da wo einst   5

Weil Gott es will   6

Vor Jahren   7

Die schöne Zeit kommt wieder   8

Frühling und Glück   9

Im Märzen   10

Es ist Mai   11

Die Bank am See   12

Du kleiner See im Wald   13

Die Bank am Waldesrand   14

Der Mai, er wartet nicht   15

Ich frag die Natur   16

Umwelt   18

Menschenhände   20

Erde dein Gesicht   21

Sinnspruch   22

Verirrt   23

Allgäu – Lied   24

Sterbende Erde   25

Aufwachen   27

Verzeiht uns Kinder   29

Versuche zu verstehen   30

Auf dieser Welt   31

Ein neuer Tag   33

Neue Welt   34

Was ist Zeit   35

Nimm dir die Zeit   36

Leb deinen Traum   37

Verlorene Zeit   39

Die Zeit bestimmt dein Glück   40

Du bist die Zeit   41

Was ist das Leben   42

Leb dein Leben   43

Frühling im Retterschwanger Tal   45

Rast im Retterschwanger Tal   46

Stilles Tal   47

Die Zeit   49

Die Lebensuhr   51

Nachdenken   54

Heilende Kraft   54

Denk an deine Mutter   55

Mutterwärme   56

Mutter am Grab   57

Mein Kind   59

Fürcht nie den Tod   60

Alter Mann vorm Kamin   61

Gebet eines Sterbenden   63

Ungewissheit schafft Trost   64

Dunkel und Licht   65

Abschied   67

Wie ist es kalt   68

Der erste Sommertag   69

Grüne Wiese   70

Einsamkeit   71

La Bruya   73

Liebe ist nur ein Wort   75

Gedanken verbinden   76

Liebe   77

Lüge und Wahrheit   78

Vorbei – Vorbei   79

Glauben   81

Es gab einmal Menschen   82

Geh mit mir   83

Leben ist heut   84

Die Großen der Welt   85

Wünsch dir nie   87

Friedenstraum   88

Ich frag nach dem Ziel   89

Ich sah Soldaten   91

Zehn kleine Soldaten   93

Weshalb– Warum?   95

Du bist mein Glück^   97

Trügerisch   99

Geständnis   100

Wenn ich Vergangenes heute sehe   101

Reich und Arm   102

Impressionen im Flugzeug   103

Die Ruhe ist wie die Blume   105

Ein Blatt sich sanft...   106

Schau nicht auf die Uhr   107

Trage dein Kreuz   108

Regen falle   109

Herbstlied 110

Herbstbild 111

Wanderer im Herbstwald 112

Herbstbeginn 113

Goldener Herbst 114

Winterbeginn 115

Schöne Weihnachtszeit 117

Es war schön 118

Wörterspiel 119